DER ELEFANT

Klimaneutrales Produkt

© 2023 Carlsen Verlag GmbH
Völckersstraße 14–20, 22765 Hamburg

Originalausgabe: Really Wild Families – Little Elephant
© 2022 Quarto Publishing plc
Published by QED, an imprint of The Quarto Group
The Old Brewery, 6 Blundell Street, London, N7 9BH, UK

Text: © Anna Brett
Illustrationen: © Carmen Saldaña
Übersetzung: Fabienne Pfeiffer
Redaktion: Caroline Jacobi
Herstellung: Rafaela Nimmesgern

Printed in China

Kleine Tiere werden groß

DER ELEFANT

Anna Brett

Illustriert von
Carmen Saldaña

Hallo, ich bin das kleine Elefantenmädchen —
und das sind meine Mama und meine Oma! Wir sind
die größten Landsäugetiere der Welt — darauf bin
ich ganz schön stolz! Obwohl ich selbst natürlich
noch ein bisschen wachsen muss ...

Unsere Familiengruppe heißt Herde.
Komm und verbring den Tag mit uns!

Wir leben in der afrikanischen Savanne.

Zu unserer Familienherde gehören fünfzehn Elefanten und wir sind alle weiblich, bis auf meine beiden kleinen Cousins. Unsere geliebte Oma ist über 60 Jahre alt und führt die Herde an. Sie ist sehr weise und erzählt uns gern von all den wundervollen Dingen, die sie schon erlebt hat.

Omas Stoßzähne sind riiiiesig –
sie wachsen ein Leben lang immer weiter!

Ich habe immer Hunger! Unser Elefantenmagen ist so groß, dass wir jede Menge futtern müssen, um ihn zu füllen. Wir mampfen die Blätter und Äste von Bäumen und Büschen, aber am allerbesten schmecken mir Früchte und frisches Gras.

Die Sonne geht gerade erst auf, deshalb ist es noch etwas kühler und wir können uns zu einem gemütlichen Spaziergang aufmachen und dabei nach Frühstück suchen.

Unsere Heimat sind die weiten Grasflächen der
afrikanischen Savanne. Meine Familie legt auf der Suche
nach Nahrung und Wasser Wanderungen von mehreren
Hundert Kilometern zurück! Oma zeigt uns den Weg, denn
sie zieht schon ihr ganzes Leben lang durch die Savanne.

Wir teilen uns unser Zuhause mit vielen anderen Tieren,
auch mit diesen frechen kleinen Vögeln: den Madenhackern.

Wenn wir zu einem langen Marsch
aufbrechen, laufen wir alle hintereinander
in Reih und Glied. Ich muss mich an Mamas
Schwanz festhalten, damit ich nicht
den Anschluss verliere!

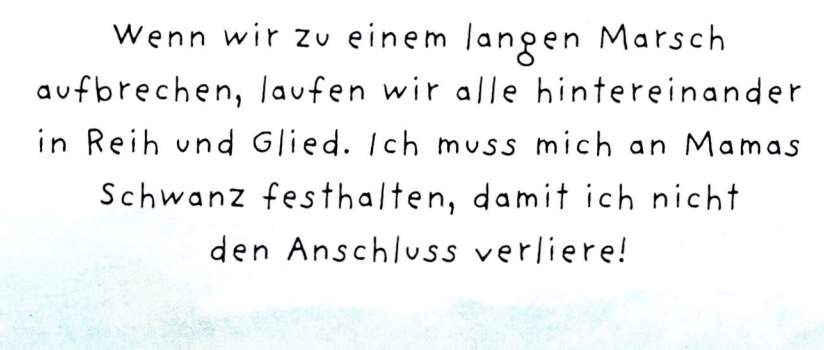

Oma marschiert vorneweg.
Durch ihre Füße spürt sie Schwingungen
im Boden und bekommt so mit, was in
unserer Umgebung passiert.

Heute führt uns unser Weg ans Wasserloch. Ich bin sehr gerne hier, denn nach dem Trinken bleibt immer auch Zeit zum Spielen! Wir saugen Wasser mit unseren Rüsseln auf ... und prusten es dann hinaus!

Übrigens: Unsere Rüssel
sind eine Verlängerung
von Nase und Oberlippe.

Mama benutzt ihren Rüssel
außerdem beim Schwimmen
als Schnorchel.

Yippie, Badezeit — aber wir baden
mit Schlamm statt mit Wasser!

Wir lieben es, uns kühlen Schlamm und kratzigen Sand auf die Haut zu spritzen. Das schützt uns auch vor Sonnenbrand und Insektenstichen! Meine Cousins und ich purzeln miteinander umher. Oma hat dabei ein wachsames Auge auf uns.

Als wir vom Wasserloch aufbrechen wollen, zeigt Mama uns einen Elefantenbullen in der Nähe. Wie alle männlichen Elefanten hat er seine weibliche Herde im Jugendalter verlassen, um unabhängig umherzuziehen.

Manche Elefanten haben gelernt, sich auf die Hinterbeine zu stellen, um die allerhöchsten Blätter zu erreichen.

Schau mal, das ist meine kleine Cousine —
sie ist erst vor zwei Tagen zur Welt gekommen.
Sie ist unheimlich süß ... und clever.

Elefantenmamas sind sehr, sehr lange schwanger:
insgesamt 22 Monate.

Schon 20 Minuten nach ihrer Geburt konnte meine Cousine aufstehen und nach einer Stunde ist sie herumgelaufen.

Jetzt hält sie sogar bereits mit der Herde Schritt, also können wir weiter durch die Savanne streifen.

Oje, Oma hat ein lautes
Trompeten als Warnung ausgestoßen.
Ein Löwe ist in der Nähe!

Löwen rennen viel schneller als wir, deshalb besteht unsere beste Verteidigungsstrategie darin, uns eng zusammenzudrängen. Die Erwachsenen bilden einen Kreis um uns Kälber, damit wir gut geschützt sind.

Die Gefahr ist vorüber —
der Löwe ist weg. Wir Elefanten
sind friedliche Tiere, aber wenn
wir uns doch einmal verteidigen
müssen, sind unsere Stoßzähne
sehr nützlich.

Diese riesigen Zähne wachsen
uns ab einem Alter von zwei
Jahren aus dem Oberkiefer.

Wir benutzen sie zum
Graben, können damit
Dinge hochheben und auch
Nahrung sammeln.

Wir kommunizieren auf ganz unterschiedliche Weise miteinander:
Trompeten mit dem Rüssel macht Spaß, aber meistens unterhalten
wir uns durch tiefes Brummen und Grummeln. Außerdem
schlagen wir mit den Ohren und stampfen mit den Füßen,
wenn wir unserer Familie etwas mitteilen wollen.

Unser mächtiges tiefes Brummen ist über weite Strecken zu hören — so finden wir uns leicht wieder, falls ein Elefant von der Herde getrennt wurde.

Puh,
langsam wird es heiß!
Zum Glück verschaffen
uns unsere riesigen
Flatterohren auch eine
gute Abkühlung.

Weil sie so groß sind, geben sie viel Körperwärme
an die Umgebung ab, und wenn wir damit wedeln wie
mit einem Fächer, hilft das auch. Bei uns Afrikanischen
Elefanten haben die Ohren die gleiche Form wie
der Kontinent, auf dem wir leben!

Meine Mama ist sehr fürsorglich.
Sie passt gut auf mich und auch auf alle
anderen in unserer Herde auf.

Als meine Tante sich am Bein verletzt hatte,
hat meine Mama sich um sie gekümmert, bis sie
wieder bei Kräften war, und wir sind alle langsamer
marschiert, damit sie mithalten konnte.

Jeden Tag lerne ich unheimlich viel von meiner Mama, und am schönsten ist es, wenn wir uns umarmen und dabei unsere Rüssel fest umeinanderschlingen.

Das war ein aufregender Tag — jetzt brauchen wir alle ein paar Stunden Pause. Mama ruht sich im Stehen aus, aber ich lege mich lieber hin.

Oma bleibt manchmal die ganze Nacht auf
und hält Wache, damit wir alle tief und
sorglos schlafen können. Gute Nacht!

SCHON GEWUSST?

Ich hoffe, es hat dir Spaß gemacht, für einen Tag Mitglied unserer Herde zu sein!

Bleib ein bisschen länger bei uns, dann erzähle ich dir noch mehr über Elefanten!

Afrikanischer Steppenelefant

1. Es gibt drei verschiedene Arten von Elefanten: den Afrikanischen Steppenelefanten, den Afrikanischen Waldelefanten und den Asiatischen Elefanten.

2. Afrikanische Elefanten haben zwei „Finger" am Ende ihres Rüssels, Asiatische Elefanten nur einen.

3. Elefantenbabys heißen Kälber, weibliche Elefanten werden Kühe genannt und die Männchen sind Bullen.

4. Elefanten brauchen bis zu 150 kg Nahrung am Tag!

5. Außerdem müssen sie 150–230 Liter Wasser trinken.

6. Elefanten haben ein sehr gutes Gedächtnis.

7. Elefanten fürchten sich vor Bienen!

Kälber kommen ohne Stoßzähne zur Welt.

Elefanten sind Pflanzenfresser.

STECKBRIEF

Größe: bis zu 3 m

Gewicht: bis zu 6.000 kg (schon Babys wiegen bei der Geburt stolze 120 kg!)

Geschwindigkeit: höchstens 30 km/h – aber auf Wanderungen etwa 7 km/h

Lebenserwartung: bis 70 Jahre

FOLGE DEN SPUREN

Diese Elefantenfamilie bricht gerade zu einem Spaziergang quer durch die Savanne auf. Erkennst du, wer hier aus der Reihe tanzt und anders aussieht als der Rest?

Die Elefanten haben das Wasserloch erreicht und suhlen sich genüsslich im Schlamm! Findest du heraus, welcher Elefant auf welchem Weg seine Pfütze gefunden hat?

SCHUTZ FÜR ELEFANTEN

Leider nimmt die Zahl der Elefanten in freier Wildbahn immer weiter ab. Sie zählen inzwischen zu den gefährdeten Tierarten. Besonders die Afrikanischen Waldelefanten sind bedroht: Heute gibt es 80 % weniger Tiere als noch vor 30 Jahren!

Eine kleine Elefantenherde spaziert wohlbehütet durch den Tsavo National Park in Kenia.

Vor allem Wilderei und der Verlust ihres Lebensraums gefährden die Elefanten. Aber Artenschutz ist eine Möglichkeit, den größten Landsäugetieren der Welt zu helfen. Indem die Menschen dazu gebracht werden, die Lebensräume der Elefanten nicht zu zerstören, sondern friedlich mit ihnen zusammenzuleben und die Jagd auf sie zu verbieten, können sich diese fantastischen Tiere hoffentlich in naher Zukunft wieder ungestört vermehren!

Ein Farmer im kenianischen Segalla kontrolliert seinen Zaun aus Bienenstöcken.

Es kommt vor, dass Elefanten auf der Suche nach Nahrung Äcker verwüsten – und das macht die Farmer natürlich wütend. Da hatten Artenschützerinnen und Artenschützer eine kluge Idee: Weil Elefanten keine Bienen mögen, hält ein Zaun aus Bienenstöcken sie von den Äckern fern! Im kenianischen Segalla, nahe dem Tsavo East National Park, klappt das bereits gut.

Obwohl ein Bienenstachel die dicke Elefantenhaut nicht durchdringt, tut den Tieren ein Stich in die Augen, den Rüssel oder das Maul sehr weh. Und afrikanische Bienen sind im Schwarm besonders aggressiv. Kein Wunder, dass die riesigen Elefanten die winzigen Bienen nicht leiden können!

FUTTER UND FAMILIE

Essenszeit für diese Elefanten! Mit ihren langen Rüsseln erreichen sie die höchsten Blätter! Welches Puzzleteil fehlt hier?

Solange Elefantenkälber noch jung sind, bleiben sie immer dicht bei ihren Müttern. In dieser Gruppe geht es allerdings ein bisschen unübersichtlich zu. Hilfst du den Babys, zurück zu ihren Mamas zu gelangen?

BASTELSTUNDE

Falte deinen eigenen Elefanten – mit beweglichem Rüssel!

DU BRAUCHST:

– ein quadratisches Blatt Papier in Grau (oder in der Farbe, die dein Elefant haben soll)

– Kleber

– einen Papiertrinkhalm

– ein langes, recht- eckiges Blatt Papier in Grau (oder deiner gewählten Elefanten- farbe)

– einen schwarzen Stift

– ein weißes Blatt Papier

– eine Schere

1 Falte dein quadratisches graues Blatt diagonal in der Hälfte und zerschneide es entlang der Faltkante zu zwei Dreiecken.

2 Falte die oberen Spitzen der beiden Drei- ecke je einige Zentimeter nach unten. Trage bei einem der Dreiecke mittig eine Linie Kleber auf und fixiere den Trinkhalm wie im Bild.

3 Gib nochmals rings um den Halm Kleber auf das Papier und bedecke ihn dann mit einem Ende des recht- eckigen grauen Blatts. Daraus wird der Rüssel deines Elefanten.

4 Jetzt wird das komplette restliche erste Dreieck mit Kleber bestrichen – dann legst du sorgfältig das zweite Dreieck darauf.

5 Nimm den Stift und rolle deinen Rüssel von unten darum. Achte darauf, dass du die Seite des Papiers einrollst, an der der Strohhalm befestigt ist.

6 Als Nächstes faltest du die äußeren Ecken des Dreiecks nach unten. So entstehen die Elefantenohren!

7 Schneide zwei längliche Dreiecke aus dem weißen Blatt Papier und klebe sie als Stoßzähne an. Denk daran: Je älter dein Elefant ist, desto länger sind seine Stoßzähne!

8 Zum Schluss malst du mit dem schwarzen Stift die Augen und ein paar Rüsselfalten auf. Wenn du jetzt in deinen Strohhalm pustest, entrollt sich der Rüssel deines Elefanten!

EIN ERFOLG FÜR DIE ELEFANTEN

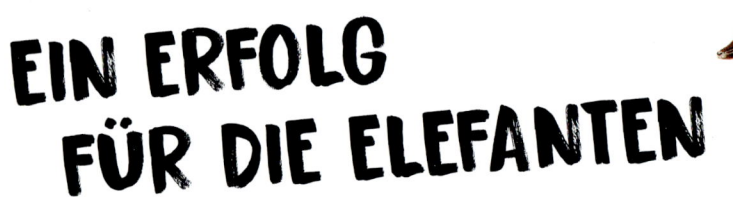

Das Reteti Elephant Sanctuary im Norden Kenias ist das erste afrikanische Elefantenschutzgebiet im Gemeinschaftsbesitz. Seit der Eröffnung 2016 werden dort verwaiste oder verlassene Elefantenkälber gerettet, gesund gepflegt und dann wieder zu ihren Familien in die Wildnis entlassen.

Eine Herde geretteter junger Elefanten im Reteti Elephant Sanctuary

Das Schutzgebiet wird von der örtlichen Samburu-Gemeinde geführt und es ist nicht nur gut für die Elefanten, sondern auch für die Menschen, die hier Arbeit finden: Sie lernen mehr über diese wunderbaren Tiere und haben zugleich ein sicheres Einkommen. So gelingt Artenschutz! Außerdem wird hier der natürliche Lebensraum der Elefanten vor Bebauung und Erschließung bewahrt.

Dass junge Elefanten ihre Herde verlieren, kann viele Gründe haben: Manchmal passiert es, wenn sie während der Dürrezeit bei der Wassersuche in Brunnen stürzen, ein andermal sind Wilderer oder Naturereignisse schuld. Das mobile Rettungsteam des Reteti Elephant Sanctuary kann ihnen überall zu Hilfe kommen.

Die Pfleger und die jungen Elefanten gehen oft eine innige Bindung miteinander ein.

Ein Pfleger füttert ein verwaistes Elefantenkalb mit Milch.

Sobald ein Kalb gerettet ist, füttern die Pfleger es mit Milch, bis es alt genug für feste Nahrung ist. Ist es wieder bei Kräften, wird es ins Sera Wildlife Conservancy gebracht, ein Gebiet, wo es frei mit anderen wilden Elefanten zusammenleben kann. Die Elefanten können dieses Gebiet jederzeit verlassen, um vollends in die Wildnis zurückzukehren.

QUIZ

Teste dein Wissen über Elefanten bei diesem lustigen Quiz. Kannst du alle zehn Fragen richtig beantworten?

1. Wie nennt man eine Gruppe von Elefanten?
2. Wahr oder falsch? Elefanten werden mit Stoßzähnen geboren.
3. Welche Insekten mögen Elefanten nicht?
4. Nutzen Elefanten eine, zwei oder alle dieser Möglichkeiten zu kommunizieren? Trompeten, Ohrenwedeln, Aufstampfen

5. Wahr oder falsch? Ein weiblicher Elefant wird Bulle genannt.
6. Wedeln Elefanten mit dem Schwanz oder mit den Ohren, um sich abzukühlen?
7. Wahr oder falsch? Elefanten fressen Fleisch.

8. Auf welchen beiden Kontinenten leben wilde Elefanten?

9. Elefanten baden gern in Wasser – und worin noch?

10. Führt das älteste Männchen oder das älteste Weibchen die Gruppe an?

Die Antworten findest du auf der nächsten Seite.

LÖSUNGEN

a = 2, b = 3, c = 1

a = 3, b = 2, c = 4, d = 1

Quizfragen:

1. Herde
2. Falsch!
3. Bienen
4. Elefanten nutzen all diese Möglichkeiten, um zu kommunizieren!
5. Falsch: Ein Elefantenweibchen heißt Kuh.
6. Sie wedeln mit den Ohren.
7. Falsch: Sie fressen nur Pflanzen.
8. Afrika und Asien
9. Schlamm
10. Das älteste Weibchen – die Matriarchin – führt die Familie an.

Bildnachweis
S. 34 Stuedal / Shutterstock. S. 35 oben: Paula French / Shutterstock, unten: Tish1 / Shutterstock. S. 38 Steve Taylor ARPS / Alamy Stock Photo. S. 39 Steve Taylor ARPS / Alamy Stock Photo. S. 40 Jez Bennett / Shutterstock. S. 44 Siegfried Modola / Alamy Stock Photo. S. 45 oben: REUTERS / Alamy Stock Photo, unten: REUTERS / Alamy Stock Photo. S. 46 Villiers Steyn / Shutterstock. S. 47 oben: Lyntree / Shutterstock, unten: Jonathan Pledger / Shutterstock.